世界五千年
科技故事丛书

卢嘉锡题

世界五千年科技故事丛书

生命，如夏花之绚烂

奥斯特瓦尔德的故事

丛书主编　管成学　赵骥民

编著　叶　秋

吉林出版集团 | 吉林科学技术出版社

图书在版编目（CIP）数据

生命，如夏花之绚烂：奥斯特瓦尔德的故事 / 管成学，
赵骥民主编. -- 长春：吉林科学技术出版社，2012.10（2022.1 重印）
ISBN 978-7-5384-6116-9

Ⅰ.① 生… Ⅱ.① 管… ② 赵… Ⅲ.① 奥斯特瓦尔德，F. W.
（1853～1932）－生平事迹－通俗读物 Ⅳ.① K835.166.1-49

中国版本图书馆CIP数据核字（2012）第156348号

生命，如夏花之绚烂：奥斯特瓦尔德的故事

主　　编	管成学　赵骥民	
出版人	宛　霞	
选题策划	张瑛琳	
责任编辑	朱　萌	
封面设计	新华智品	
制　　版	长春美印图文设计有限公司	
开　　本	640mm×960mm　1 / 16	
字　　数	100千字	
印　　张	7.5	
版　　次	2012年10月第1版	
印　　次	2022年1月第5次印刷	

出　　版　吉林出版集团
　　　　　吉林科学技术出版社
发　　行　吉林科学技术出版社
地　　址　长春市净月区福祉大路 5788 号
邮　　编　130118
发行部电话 / 传真　0431-81629529　81629530　81629531
　　　　　　　　　　81629532　81629533　81629534
储运部电话　0431-86059116
编辑部电话　0431-81629518
网　　址　www.jlstp.net
印　　刷　北京一鑫印务有限责任公司

书　　号　ISBN 978-7-5384-6116-9
定　　价　33.00元
如有印装质量问题可寄出版社调换

序 言

十一届全国人大副委员长、中国科学院前院长、两院院士

路甬祥

　　放眼21世纪，科学技术将以无法想象的速度迅猛发展，知识经济将全面崛起，国际竞争与合作将出现前所未有的激烈和广泛局面。在严峻的挑战面前，中华民族靠什么屹立于世界民族之林？靠人才，靠德、智、体、能、美全面发展的一代新人。今天的中小学生届时将要肩负起民族强盛的历史使命。为此，我们的知识界、出版界都应责无旁贷地多为他们提供丰富的精神养料。现在，一套大型的向广大青少年传播世界科学技术史知识的科普读物《世

界五千年科技故事丛书》出版面世了。

由中国科学院自然科学研究所、清华大学科技史暨古文献研究所、中国中医研究院医史文献研究所和温州师范学院、吉林省科普作家协会的同志们共同撰写的这套丛书，以世界五千年科学技术史为经，以各时代杰出的科技精英的科技创新活动作纬，勾画了世界科技发展的生动图景。作者着力于科学性与可读性相结合，思想性与趣味性相结合，历史性与时代性相结合，通过故事来讲述科学发现的真实历史条件和科学工作的艰苦性。本书中介绍了科学家们独立思考、敢于怀疑、勇于创新、百折不挠、求真务实的科学精神和他们在工作生活中宝贵的协作、友爱、宽容的人文精神。使青少年读者从科学家的故事中感受科学大师们的智慧、科学的思维方法和实验方法，受到有益的思想启迪。从有关人类重大科技活动的故事中，引起对人类社会发展重大问题的密切关注，全面地理解科学，树立正确的科学观，在知识经济时代理智地对待科学、对待社会、对待人生。阅读这套丛书是对课本的很好补充，是进行素质教育的理想读物。

读史使人明智。在历史的长河中，中华民族曾经创造了灿烂的科技文明，明代以前我国的科技一直处于世界领先地位，涌现出张衡、张仲景、祖冲之、僧一行、沈括、郭守敬、李时珍、徐光启、宋应星这样一批具有世界影响的科学家，而在近现代，中国具有世界级影响的科学家并不多，与我们这个有着13亿人口的泱泱大国并不相称，与世界先进科技水平相比较，在总体上我国的科技水平还存在着较大差距。当今世界各国都把科学技术视为推动社会发展的巨大动力，把培养科技创新人才当做提高创新能力的战略方针。我国也不失时机地确立了科技兴国战略，确立了全面实施素质教育，提高全民素质，培养适应21世纪需要的创新人才的战略决策。党的十六大又提出要形成全民学习、终身学习的学习型社会，形成比较完善的科技和文化创新体系。要全面建设小康社会，加快推进社会主义现代化建设，我们需要一代具有创新精神的人才，需要更多更伟大的科学家和工程技术人才。我真诚地希望这套丛书能激发青少年爱祖国、爱科学的热情，树立起献身科技事业的信念，努力拼搏，勇攀高峰，争当新世纪的优秀科技创新人才。

目　录

聪明、顽皮的少年

　　1853年秋天，俄国拉脱维亚的首府里加，这个波罗的海地区最重要的贸易中心，城内呈现一片繁荣的景象。不过，这样繁荣的日子实在是太多太多，人们都习以为常了。

　　但对于G·奥斯特瓦尔德一家来说，1853年9月2日，是一个令人高兴又难忘的日子，一个小生命呱呱坠地。这是家里的第二个儿子，也正是我们这本书的主人公——弗里德里希·威廉·奥斯特瓦尔德（Friedrich Wilhelm Ostwald，1853－1932）。

看着怀中啼哭的婴儿，E·洛伊克尔的心中泛起无限爱怜。她是一个面包师的女儿，早年随父母从德国黑森迁居到此。她酷爱音乐，这种禀赋日后为奥斯特瓦尔德所继承，他能演奏小提琴、钢琴。母子间常常以音乐作为桥梁，使心灵得到极好的沟通。与他哥哥相比，奥斯特瓦尔德与母亲的感情更为亲密，而且身材、性格也与母亲相仿。

父亲同样也是来自德国柏林移民的后代，他开了一个作坊，以制作木桶来维持一家人的生计。他希望儿子将来长大了能做一名工程师。小奥斯特瓦尔德虽然也像父亲一样心灵手巧，擅长绘画和手工制作，但他终究还是没能如父亲所愿，而是成了一位大化学家。这是父母做梦也没有想到过的。不过，这将是后话。

对于一个并不富足、需要全家人辛勤劳作的

家庭来说，孩子似乎是在不知不觉中长大的。刚刚离开母亲怀抱的小奥斯特瓦尔德开朗、活泼而且充满幻想。他独自坐在小河边钓鱼，虽然小心翼翼地时刻担心着水蛭会来咬他，可他还是满心憧憬着小鱼儿会上钩。他时常躲着妈妈与小伙伴们沿着小河探险，仿佛那是一个有着无穷秘密的童话王国。看见别的小朋友要用竹枪打鸟，好心的小奥斯特瓦尔德就赶快设法把鸟儿赶走，不让它们成为牺牲品。

小学毕业了，父亲把小奥斯特瓦尔德送进了一所新型的五年制实验中学。头一年他是个听话的好学生，各门成绩都很拔尖。但随着年龄增长，课本上那点有限的知识已经不能满足他那日益广泛的兴趣了，他开始从各种各样的课外读物和活动中去寻找自己更感兴趣的知识。他最喜欢读《园亭》，这是当时非常流行的一份少年周刊，主要介绍德国当时的自然科学和工业蓬勃发展的情况，如此新颖的内容自然使奥斯特瓦尔德成了它的忠实读者；他最喜欢上博物课（类似于我们今天的常识课），喜欢去野外采集植物标本，捕捉各种形状的小昆虫。

有一天，奥斯特瓦尔德偶然看到了一本讲怎样制作焰火的书，上边写满了各种常用的化学药品，还标明了化学式，可是这个二年级的学生根本看不懂，化学课要等到五年级才上哩！不过，只要一想到焰火放出的美丽光彩，强烈的学习和制作的欲望便产生了！他开始一步一步地实施自己的计划：先在父母的支持下用省下来的零用钱买一些简单的药品如硝石、硫黄等，再把父亲特意腾出来的杂物间改成一间小实验室，然后又利用假日去建筑工地打工，同时把和妈妈一起做的一些小玩意拿出去卖，用挣来的钱购买玻璃管、烧瓶等必需的器皿。这样，他终于建成了一个属于自己的小化学实验室。

在很长的一段时间里，每天只要一有空，奥斯特瓦尔德就钻进他的小实验室里。虽然不能完全读懂书上所说，但他严格地按照其中的说明和图示来进行实验。爸爸妈妈时刻为他担心着，因为他们知道硝石、硫黄是易燃易爆的物品，稍不小心，就有可能酿成危险。但他们没有阻拦，他们心里明白，让儿子自己去试一试，更有好处。有一天晚上，奥斯特瓦尔德兴冲冲地跑出了实验室，把全家人都叫到院子里，不一会儿，一束美丽的火花真的在半空中迸发开来，实验成功了！

有了这个成功的试验，奥斯特瓦尔德更愿意做实验了。接着，他领导着小伙伴们试验爆竹，获得成功。很快，他又迷上了照相。他用父亲的空烟盒作暗箱，用母亲的观剧镜作镜头，自己动手制造了一架简易照相机；并且学会了制作感光底板和照相纸，不久就洗出了第一批照片。这次成功，不但令奥斯特瓦尔德自己，而且令家人和见过的人为之震惊，为之兴奋。

除了这些小制作之外，奥斯特瓦尔德还喜欢绘画、喜欢音乐、喜欢读文学作品。然而，这众多的兴趣和爱好分散了他的时间和精力，影响了他的学业，三次留级（其中有两次是重读半年），5年的课程用了7年才毕业！临近毕业考试时，他不得不突击复习，好在凭着自己的聪明才总算过了这一关。也许正是由于有了儿时的这种经历，使奥斯特瓦尔德直到成名之后仍对考试持怀疑态度，他认为考试成绩并不能反映出一个人的真实能力及知识水平。不过，在这里需要强调的是：我们不能从奥斯特瓦尔德的经历中得出取消考试的结论。我们反对那种应试教育制度，提倡改进、完善我们现有的考试体系，使它能够全面、充分地反映出每一个学生的素质水平。

当时，在俄国统治下的拉脱维亚，十分注重人文教育，即使在奥斯特瓦尔德就读的实验中学，虽然是一所施行新式教育的新型中学，也还是把人文教育放在第一位，学生不但要学习俄语，还要学法语、拉丁语和英语，并要学习历史、地理等，到高年级时才学习数学、物理、化学等自然科学课程。而奥斯特瓦尔德偏偏不喜欢上语言课，以至于因俄语不及格，中学毕业后还得再补习半年才能升入大学。这种对人文教育的偏见在奥斯特瓦尔德的有生之年一直保留着，甚至当他在莱比锡大学执教后还多次为呼吁取消大学中的人文教育而四处游说。

尽管奥斯特瓦尔德聪明好学、勤于动手，但这丝毫没能改变因成绩不好而留给校方的不良印象。当时一些人根据他的性格曾预言他将来会一事无成，显然，他完全不是学校应试教育所要塑造的那种典型。

在等待着通过补考、进入大学的那半年里，奥斯特瓦尔德一边复习，一边又找了一份临时的工作，给几个准备上中学的孩子做家庭教师。这是他第一次体验从事教育工作的滋味。他利用这笔收入为妈妈买来一台缝纫机，这份爱心使妈妈流下了热泪。而当奥斯特瓦尔德晚年回忆起这一幕情景时，他仍为自己最亲爱的母亲感叹不已。

不过，奥斯特瓦尔德也做了一件不能使母亲称心如意的事情。妈妈坚持要把儿子送进彼得堡的美术学院，希望他专攻绘画。可父亲主张儿子应该上理工大学。后来，奥斯特瓦尔德遵从了父亲的意愿，因为从他自己的内心深处来说，对自然科学的热爱还是远远胜过了对艺术的向往。

初露锋芒的年轻人

1872年1月，18岁的奥斯特瓦尔德进入了多帕特大学（今塔尔图大学），在著名的化学家施密特（C.Schmidt，1822－1894）及其助手伦伯格（J.Lemberg，1842－1902）指导下学习化学，还跟随大物理学家·厄挺格（A.von Oettingen，1836－1920）学习物理。

大学的学制只有三年，可是刚踏进大学校门的奥斯特瓦尔德似乎并不珍惜这可贵的课堂学习

时光，却如鱼得水地参加各种课外活动。他担任
里加大学生联谊会的负责人，出席各种茶话会，
讨论诗歌、音乐、哲学、社会、人生等最能引起
年轻人兴趣的问题；与几位志同道合的同学一起
组成了一支四重奏弦乐乐队，他自己拉中提琴，
还学吹巴松；常常去郊外写生，由于刻苦练习，
风景画越画越好。就这样，时间在一天天过去，
奥斯特瓦尔德的大学学业却荒废了。

其实，这不过是这个性格开朗、多才多艺的
年轻人的表面放松。而在内心深处，奥斯特瓦尔
德始终没有忘怀他一直钟情的科学研究。在痛痛
快快地玩了一年多之后，他开始凭着惊人的记忆
力和极强的自学能力补习被落下的课程。他只用
了很短的时间就通过了候补学位考试（这是获取
硕士、博士学位的必经阶段），于1875年1月大
学毕业。随后，他一边担任厄廷格的助教，一边
紧张地准备候补学位考试的另一项内容即研究论
文的写作。在伦伯格的建议下，他以研究氯化铍

溶液的水解程度作为自己的课题，结果表明，随着水量的不断增加，氯化铍溶液的水解程度逐渐增大。他以此为题写出了论文《关于水的化学质量作用》，获得了学校发给的候补学位证书。这是奥斯特瓦尔德的第一篇学术论文，标志着他学术生涯的开始。

19世纪70年代，德国化学家的注意力几乎被完全引向了正在取得辉煌成就的有机化学。但从多帕特大学当时的教学和研究风格来看，专注有机化学的状况似已终止，如奥斯特瓦尔德的导师施密特教授曾是德国最有名的有机化学家罗斯（H.Rose，1795－1864）、李比希（J.F von Liebing，1803－1873）、维勒（F.Wohler，1900－1882）的学生，而在多帕特大学任教时，施密特完全投入了对地面和地表水中矿物成分的研究，从中寻找有关岩石形成的化学过程的资料。另一位导师伦伯格，则告诫奥斯特瓦尔德要密切注意化学平衡、质量作用、反应速度等问题，要他认识到自然界中没有绝对不溶的物质。后来，奥斯特瓦尔德回忆起这段经历时说：如果当时自己是在德国而不是在多帕特学习化学，那么毫无的疑问他就会成为一位有机化学家。

在这个特殊的氛围中，对化学亲和力的研究，成为奥斯特瓦尔德科学生涯的开始，也是他在青年时代的主要任务。他试图用物理学的研究方法，从实验上探讨化学亲和力问题。前人提出可以用热化学数据来测量酸和碱的相对亲和力，而多帕特大学缺乏精密的量热仪器，但奥斯特瓦尔德使这个不足变成了一个优点，他相信可以用化学反应时的体积变化、溶液的折射指数、反应速度等来计算亲和力常数，从而对这些用不同方法得到的常数值进行比较，以此建立起一套获得这类数据的最精确、最通用、最简单的方法。

为了证实自己的想法，奥斯特瓦尔德把自己的实验结果同汤姆森（J.Thomsen，1826－1902）用量热计测得的亲和力进行了比较。另一方面，吉布斯（J.W.Gibbs，1839－1903）和亥姆霍兹（H.L.F.von Hilmholiz，1821－1894），也从热力学第二定律的角度证明：除了熵变为零的情况外，反应热一般不能用作化学平衡和反应性的判据。这说明汤姆森的热化学实验方法要比奥斯特瓦尔德的方法受更多的限制，这是因为许多物理性质如比容、折射指数、黏滞性、颜色、导电率和偏振度等的变化都与反应活性和浓度的变化有关，通过它们就可计算出平衡常数和自由能。奥斯特瓦尔德的重要贡献，在于他认识到在解决化学问题时运用物理学研究方法具有的独特优势，这在化学热力学中是特别有意义的。因为在平衡过程中用化学手段来分析反应成分，常会因平衡移动而受到障碍，但采用物理学方法就可以避免这种困扰。

　　奥斯特瓦尔德的硕士、博士学位论文研究，全是以这一思想为基础来开展的。他用比重瓶来测量酸碱中和反应前后的比容，然后根据比容的不同（在一定浓度和温度下）计算出中和反应的化学亲和力。在这个过程中奥斯特瓦尔德发现，他用膨胀计法得到的结果非常接近于用汤姆森法测得的"活动性顺序"，因而也成为古德堡—瓦格质量作用定律的另一佐证。这样，他完成了硕士论文《关于亲和力的体积化学研究》，于1877年获得硕士学位。在这里值得特别强调的是，多帕特大学的化学实验室缺乏能够精确量热的仪器，这对于热化学研究来说是非常不利的，但并没有限制奥斯特瓦尔德的研究，因为根据他的思想就可以用化学反应时的体积变化来计算亲和力常数而无须直接测量。"体积化学"就是在这个基础上提出的。

按照多帕特大学的学位制度，学生取得硕士学位后必须担任学校的无薪讲师，在有了一定的教学量之后才有资格获得博士学位。于是，奥斯特瓦尔德开设了物理化学课，每周两课时，结合自己的研究专门讲授化学亲和力问题。与此同时，他进一步扩大了研究范围，测定了大量酸碱反应和一些复分解反应的折射系数，从中获得有关反应性的数值，证实了由比容法所得的结果。但他认为光学法不如体积法可靠。此外，他还把多相反应和均相反应同样看做是温度的函数，使"亲和力"成为体系中可以量度的一种性质。1878年，奥斯特瓦尔德以《体积化学与光化学研究》为题，撰写的论文获得了化学博士学位。

1879年，英国剑桥大学的米尔（P.Muir）在一篇《化学亲和力》的综述文章中写道："古德堡和瓦格的两篇论文（分别发表于1869年和1879年）和奥斯特瓦尔德的三篇论文（发表于1877－1878年），代表了近年来为最终解决化学亲和力问题所做的最重要贡献。奥斯特瓦尔德为化学提供了一种解决某些最困难问题的新方法。"这样，年仅26岁的奥斯特瓦尔德就已经确立了自己在物理化学领域的重要地位。

获得博士学位后，奥斯特瓦尔德继续担任

施密特的助手，进行有关的研究。同时，他还
接受了多帕特一所实科中学的聘请，给中学生
上物理课和化学课，以此得到一些报酬来弥补作
为助教的那点少得可怜的工资。他仍旧在大学乐
队里拉中提琴，仍旧经常与校园里的音乐爱好者
们交往，这样，他认识了一位外科医生的女儿
H·冯·蕾尔（H.von Reyher，1854－1946）。冯·蕾
尔与奥斯特瓦尔德一样，也是一个音乐迷。他们
从相识、相知、相爱到1880年吉结伉俪，只用了
很短的时间，但却相守、相伴了整整52年！也就
是说，他们用了一生的时间来彼此爱恋。

　　1881年底，获得博士学位仅三年的奥斯特瓦
尔德，在导师施密特的竭力推荐下，被聘为里加
工业大学的化学教授，并在次年初赴任。里加工
业大学是为了适应里加这座城市的日益工业化而
刚刚设立的一所新学校。在这里他很快就表现出
作为一名优秀教师的良好素质，并开始了一项重
要工作，那就是在1885－1887年间，系统地考查

了50年来物理学与化学的所有文献，在此基础上撰写了巨著《普通化学教程》（后再版）。这项工作的意义在于它综合了已有的处于物理与化学之间的所有问题，把物理化学确立为一门独立的化学分支学科。

由于出色的教学能力和研究能力，奥斯特瓦尔德的名声越来越大，校方还因此而得到了一笔专门为他修建实验室的特殊拨款。同时国外科学界也开始逐渐认识了他及他的工作。1887年德国莱比锡大学向他发出聘书，聘请他担任该校的第二个教授职位（第一个已由一位有机化学家担任），同时要求他指导药学专业的学生进行实验研究。由于有后一个要求，先接到聘书的范·霍夫（J.H.van't Hoff，1852－1911）、兰道尔特（H.Landolt，1831－1910）都已拒绝了聘请，但奥斯特瓦尔德却把它看作是一个天赐良机。原因之一是由于这时俄国政府已开始阻挠波罗的海地区德籍教授们的工作，旨在清洗德籍学者。奥斯特瓦尔德对这种做法非常反感，深感自己在俄国的地位危在旦夕。而更重要的是，莱比锡大学是一所一流大学，而且支持科学研究，可以为他提供一个能够充分发挥自己领导和宣传科学才智的舞台，这在里加是做不到的。于是，奥斯特瓦尔德欣然接受了聘请，从此开始了他科学生涯中最辉煌的一段篇章。

物理化学的奠基者

  早在18世纪中叶，俄国化学家罗蒙诺索夫（1711－1765）在其著作（纯正物理化学概论）中明确提出"物理化学"一词及其研究范围，物理化学是要根据物理学原理和实验来解释各种混合物受到化学作用后的变化，并拟定了一项研究计划，其中包括固体和液体的内聚现象、同类及不同类物体间的导热、反应速度、溶液与混合物的重量关系及变化等多项实验。但是，由于受地域等多种因素的限制，罗蒙诺索夫的这一套思想几乎没有被同时代的人所了解和接受，而当时整个化学发展的水平也未能给物理化学的建立奠定足够的理论和实验基础。

早在18世纪，化学与其他学科之间的相互关系是极为模糊的，它在两大学科即自然哲学和博物学之间拥有一块范围不甚明确的领地。一些信奉牛顿思想的化学家认为所有物质都是由相同微粒构成，而各物质间的明显差异都是因微粒相互连接的方式不同而产生的，提出化学与自然哲学有密切的联系，赞成用引力来说明微粒的性质；另一些化学家则强调化学与博物学之间的联系，主张化学像植物学、矿物学、医学一样是一门关于分类的基础科学，认为物质的外部性质和内部组成都是用来使自然界万物系统化的手段。当然，也有一部分化学家介于这观点截然不同的两类化学家之间。

到19世纪中叶，化学的范畴日益明确。起初化学家们致力于发现某些新技术或新理论，而这时，社会变革对新知识的产生和传播提出了更高的要求，并提供了更大的推动力，特别是化学深受影响。化学成了一门独立的科学，化学家在欧洲各地成了一种职业而不再是业余爱好。这种改革归功于拉瓦锡（A.L.Lavoisier 1743－1794）和道尔顿（J.Dalton，1766－1844），他们为化学家提供了研究方法和理论；与此同时，大学的发展与学术刊物的创办也为化学家提供了更好的训练场所和有效的交流方式；而化学机构的迅速出现同样使化学研究如虎添翼。另一方面，化学家们对化学定义的认识也逐步统一起来，化学被看做是一门研究物质组成及相互关系的科学。它不同于物理学，它所关心的是具体物质的性质和组成方式，而物理学则关心能运用于所有物质的普遍定律和能支配所有物质的力。

这一时期对化学组成的研究成果尤为丰富，特别是化学家们在对有机化合物的认识上作出了惊人的成就。但是，对化学和物理学的定义越加精确，化学与电、热等的联系也就越加薄弱。人们已不再重视对化学反应中力的认识，而是随着有机化学的发展，把有机合成放在了首位。到19世纪中期，欧洲各著名大学中的化学家和物理学家已经分化开来，两门科学都有了各自的范畴和研究方法。这时化学最重要的任务就是制备、研究、分类大批已由原子论预言的化合物，因而化学越来越成为一门描述性的科学。

19世纪中叶化学的发展在很大程度上是独立于物理学的，但也有一部分化学家在进行"自然化学"的研究。这类研究基本上可分为三类：对物理仪器的改进及其在化学成分研究中的应用、对物理性质与化学成分间相互关系的研究、对控制化学变化过程的物理原理的研究。从事前两类研究的化学家如本生（R.W.Bunsen，1811－1899）、兰道尔特等人，他们的兴趣在于研究分析化学、有机化学中一些常规问题。他们发明了许多有价值的化学仪器，但这些工作都是以改进纯化学的分析手段为目的，因此他们在化学与物理学之间架起的桥梁是非常狭窄的，只是用来交流各种技术和实验现象，缺乏理论上的沟通。他们完成了许多出色的实验，但都不是理论家。从事第三类"自然化学"研究的人，其兴趣在于探讨化学变化"怎样"进行、"为什么"进行，贝托雷（C.L.Berthollet，1748－1822）对亲和力的研究及其质量作用思想就是一个典型例子。尽管随后古德堡（C.M.Guldberg，1836－1902）、瓦格（P.Waage，1833－1890）、汤姆森等把质量、电流及热与亲和力、化学平衡联系在一起，使化学逐渐具有了较高的精确性，但由于地域偏远及研究环境较为封闭等原因，他们的工作工没有引起更多人的注意。

化学家之间缺乏交流，研究亲和力的力量相对薄弱，这就在部分程度上造成了这类研究缺乏吸引力的状况，同时，化学家与物理学家的分离也是一个重要的影响因素。这一时期，物理学上已提出了功、能的概念并发现了能量守恒原理，它们足以为研究化学亲和力及其与热、电的关系提供理论基础，但事实上它们却没有被迅速、直接地运用到化学研究中；热力学也基本是掌握在物理学家手中，很少有化学家能够灵活运用。而当19世纪70年代物理学家自己将其用于化学时，他们的成果又几乎为化学家所忽略，**W**·吉布斯的工作就是一个最好例证。他以热力学第二定律和自己的化学势概念为基础，提出了一套完善的化学热力学体系，从而定义了同质与非同质体系中平衡时的条件，并从化学势的变化来描述化学反应的推动力和原电池的电动势。使用吉布斯体系，就可推导出平衡时重力、电作用力、质量、温度、压力对系统的影响，也就是说，吉布斯的工作已对化学家们刚刚开始阐述的问题作出了精确的回答。但是，当他把这些论文寄给欧洲各有关科学家后，一些物理学家特别是麦克斯韦

（J.C.Maxwell，1831－1879）非常欣赏，而收到论文的化学家汤姆森、本生等人却很冷淡。吉布斯的论文完全是理论物理学家的风格，简洁、抽象、高度数字化，他的思想结构和标志体系都令人感到陌生，而且也没有对那些根据经验而得的概念作出说明，因此，在1890年以前他的思想只对化学产生了一点点无足轻重的影响。奥斯特瓦尔德是第一个认识到W·吉布斯的工作重要性的人之一，他在已蒙上厚厚灰尘的废纸堆里发现了吉布斯的研究报告，并把它们译成了德文。从此，吉布斯的思想开始逐渐为人所知。可以说，在19世纪中叶，化学家和物理学家在研究化学过程时走的是两条不同的实验和理论路线。

　　直到19世纪80年代，上述状况才发生变化，一些化学家认为过于注重物质成分和结构的研究会使化学越来越狭窄，以至缺乏创造性。他们把早期对化学亲和力、物理性质与化学性质间相互关系的研究融入了一个新的框架之中，并希望从这个框架中产生出通用的化学理论基础。

19世纪80年代，薄·霍夫、阿累尼乌斯（S.Arrhenius，1859－1927）、奥斯特瓦尔德创立了物理化学学科。虽然"物理化学"这个名词不是他们创造的，在他们之前做过这类研究的也不乏其人，而且他们的理论并不是完全没有缺点。但是这门学科的确是他们三个人共同创立的。他们将前人的工作系统化了，并提出了用于进一步研究的概念和技术；他们通过不断地宣传、证明这一学科的实用性，使物理化学得到了同时代人的关注；他们与学生一道，创办了实验室和期刊，从而使这一学科成长、繁荣；他们使这个曾是含混不清、毫无系统的研究具有了一致性和边惯性。1887年，世界上第一份物理化学杂志《Zeitschrift furphysikalische Chemie》在德国莱比锡创刊，并发表了几篇物理化学方面的经典论文。从此，"物理化学"一词开始被广泛采用，物理化学作为一门专门的学科正式诞生。

1884年，尚在里加的奥斯特瓦尔德读到一篇关于电解质导电性的报告，这是阿累尼乌斯在1883年提交给瑞典科学院的，文中已证实酸的导电性与其强度成正比。从那以后，奥斯特瓦尔德便成为阿累尼乌斯新电离理论的热情支持者。1884年8月，奥斯特瓦尔德在斯德哥尔摩见到了阿累尼乌斯，由此结下了终生友谊。在奥斯特瓦尔德的帮助下，阿累尼乌斯得到了一笔为期5年的访问学者奖学金。这次访问的起点站是奥斯特瓦尔德在里加的实验室，又以他在莱比锡的实验室而告结束。

1886年，奥斯特瓦尔德又读了范·霍夫出版于1884年的《化学动力学研究》。该书侧重于热力学在化学问题中的应用。显然，这时把电离作用的概念应用到亲和力、化学平衡、质量作用和化学热力学等问题，已不只奥斯特瓦尔德一个人了。

为了更好地认识溶液的性质，范·霍夫提出

了溶液与气体相似的观点，认为可以用与气体动力学理论PV=RT相似的假说来解释溶液的渗透压等性质。1886－1887年间，范·霍夫首次提到了渗透作用，并指出测定半透膜的渗透压可作为一种测量可溶物质亲和力的办法。同时他还提出渗透是一个物理的而不是化学的过程，证实了降低冰点、提高沸点、减小蒸气压等都与渗透压成正比，因而也就与浓度成正比。但是，他发现电解质溶液严重偏离了理论，渗透压比理论值偏高，而冰点则偏低。为了克服这些差异，范·霍夫引入了根据经验测得的因子i，这样，电解质溶液的渗透压方程就变为了PV=iRT，i值取决于溶质。然而，他不能解释为什么在电解质溶液中需要这个因子，而在非电解质溶液中则不需要，不能解释为什么i值会由于电解质的不同而有所区别。1887年3月30日阿累尼乌斯在给范·霍夫的信中解决了这些问题。

在信中，阿累尼乌斯明确提出了电离理论，

并在随后发表的几篇论文中作了更详细的阐述，还对电解质的电离作了定量计算。阿累尼乌斯指出只有在水溶液中不发生离解的非电解质溶液才遵守上述的渗透压公式，而酸、碱、盐等由于在水溶液中离解，使溶液中粒子数增加了，所以需要引入校正系数i，使实验结果与理论计算相符合。这样，范·霍夫的PV=iRT方程就适用于一切溶液。但电离理论提出后，学术界反应淡漠。

一直非常关注范·霍夫和阿累尼乌斯在溶液方面研究的奥斯特瓦尔德，立刻将他们的成果融入自己的研究中，开始进行一项综合计划，用阿累尼乌斯的导电法重新测量他曾用其他物理方法研究过的酸的亲和力。奥斯特瓦尔德通过实验指出，水溶液中的强酸，其分子导电性随衡释程度逐步增加，并且渐近于无限衡释时的最大值。这一衡释定律在1888年得到理论阐明，并且在次年被实验所证实。奥斯特瓦尔德由此推论，由于气体压力定律已被证明适用于非电解质衡溶液的渗透压，因而用于部分离解气体的公式同样可适用于部分离解溶液。他还指出：任何一种二元电解质，在所有衡释程度下的平衡常数值都相同；酸或碱的某些性质仅取决于成分和结构，而这些性质便决定了该物质的平衡常数。他用了近250种酸（全为弱酸）来验证这一定律，后来他的助手布里迪奇（G.Bredig）又用50种碱进行了验证。奥斯特瓦尔德使质量作用定律首次以衡释定律的形式应用于弱有机酸和碱的稀溶液。

阿累尼乌斯、奥斯特瓦尔德、范·霍夫等人对电离理论的阐述，在物理化学、实验化学和理论化学的历史上揭开了新的篇章。他们的溶液理论使一大批曾是孤立的事实得到简化、统一。根据范·霍夫的思想，衡溶液与气体在本质上相似，渗透压与气压相对应；根据阿累尼乌斯的思想，电解质溶液的异常行为来自于溶质分子的离解，离解度随溶液浓度和电解质性质的不同而变化，离解所生成的离子带电，是产生电活性和化学活性的主要原因，通过测量导电性或与渗透压成正比的任一性质就可以计算出某种电解质的离解度。再加上奥斯特瓦尔德的衡释定律，就可能地预测许多电解质在不同浓度下的离解度，也可定量地预测它们的化学、物理性质。

奥斯特瓦尔德、范·霍夫、阿累尼乌斯三人各自的工作都只是局限于物理化学的某些方面，但他们互为补充的成就却是前人无法比拟的。他们的理论使大量的现象得以定性分析，使看似无关的各种性质实质上是密切相关的；他们使很多化学概念有了更高的精确性，而且使化学仪器发生了重要变化。他们在此基础上联手开辟了物理化学这一完全崭新的研究领域。

由于越来越多的化学家、物理学家从不同的角度认识到了用物理学理论和方式来研究化学反应的重要性和必要性。到19世纪下半叶，在这一领域中已经聚集了一大批研究者，而且研究成果相当丰富。这时，在俄国里加工业大学任教的奥斯特瓦尔德认为有必要为物理化学方面的论文提供一个专门的发表场所，从而扩大这一学科的影响。1886年，他与德国莱比锡一位早已有过合作关系的出版商恩格尔曼（W.Engelmann）达成协议，于次年开始出版《物理化学杂志》。

1887年2月15日，这份杂志的第一期面世，它的全名为《物理化学杂志，化学计量学与相关原理》，这期刊物上署明由莱比锡大学教授奥斯特瓦尔德与阿姆斯特丹大学教授范·霍夫共同编辑（但实际上具体工作基本由奥斯特瓦尔德独自完成），同时还列出了22位编委的详细名单，他们来自法国、德国、英国、挪威、俄国、瑞典、奥地利、意大利、比利时、丹麦等国家。在第1卷第1期上，奥斯特瓦尔德特意选本生的肖像作为扉页，他把本生视为最早在化学与物理学之间架起桥梁的化学家，视为物理化学的先驱。

创刊号上以4页的篇幅刊登了奥斯特瓦尔德写于1887年1月2日（当时他尚在里加）的《致

读者》，阐述了刊物的意义、目的及读者对象。
首先他引用了1882年6月29日在莱布尼兹会议上
为审议兰道尔德当选普鲁士科学院院士时生理
学家杜·博瓦-雷蒙（E.duBois-Reymond，1818－
1896）的一段演讲，指出物理化学是一门"未来
的化学"，并从哲学的角度评价了结构化学所取
得的惊人成就（如同分异构现象的发现、肌酸的
合成）；主要发展结构化学，就必须更好地研究
物理化学，要把数学、物理学、光学、电学等众
多领域的成果运用到物理化学研究中，从而使人
类像认识天体运动一样来认识化学反应的作用
力、速度、平衡位置等等，这样才能说化学是一
门符合人类需要的科学。随后，奥斯特瓦尔德进
一步阐述自己对创办这份刊物的设想："我花了
许多年时间把物理化学及相关理论组合为一个系
统化的整体，目前的形势似乎比这位有名的生理
学家在几年前所想象的更令人满意，因此我认为
提供一个专门发表同行论文的特殊刊物是继续进

行这个工作的最好办法。希望它能在最有名的同行的支持下，尽可能地实现目标，即与这一领域的所有力量联合起来，从而更全面、更有效地促进物理化学的发展。"在这里，他特别强调了这份刊物对于物理学家的重要性，他认为化学提供了研究的对象，而物理学则提供了研究的方法，"本刊的一个主要任务，就是要使两个领域的学者意识到：在发展过程中越来越广泛的任务和方法是具有共同意义的。如果两个学科的研究者都能对相关领域有更多的认识或经验，那么这两个学科中的研究会更有价值、更见成效"。对于刊物的内容，奥斯特瓦尔德提出要首先发表具有可靠结果而且能够提供可靠方法的实验性研究论文，同时对发表那些批语观点的文章，以充分保障学术争论的自由。

除了发刊词外，创刊号上共发表了4篇论文。随后，该刊的第2至10期分别于3月8日、3月29日、4月29日、5月27日、7月4日、8月15日、9

月16日、10月21日和11月8日发行，第11期与第12期合成一册于12月27日发行。这11期杂志中共登论文48篇（32位作者）、评论118篇（全由奥斯特瓦尔德所作）、新书介绍2篇；第12期后还列出了作者索引和主题索引。其中，物理化学的核心理论之一——电离理论是发表在1887年的第11－12期合刊上；而范·霍夫认为溶液的渗透压与气压相似的观点则在第9期上提出的。

《物理化学杂志》的创刊，标志着化学四大基础学科之一物理化学的成熟与独立。1887年9月奥斯特瓦尔德应聘莱比锡大学担任物理化学教授，刊物的编辑部随之从里加迁到了莱比锡，从此，《物理化学杂志》便成了莱比锡物理化学学派的喉舌，成为连接欧洲各国物理化学家纽带。到1928年第137卷刊物改名时，编委会成员已达74人。

1903年的第46卷是纪念辑，随之获得博士学位25周年的专刊，范·霍夫撰写了介绍他的生平和工作的文章。卷末还有一篇目录，列出了奥斯特瓦尔德到1903年时所有的出版物。1910年的第70卷是纪念电离理论发表25周年的专刊，是阿累尼乌斯的朋友和学生们献给他的，但这一卷上并没有发表专门的纪念文章。1906年奥斯特瓦尔德辞去了莱比锡大学的所有职务，其中也包括《物理化学杂志》的主编，改由他的助手及学生伯登斯担（M.Bodenstein，1871－1942）负责编辑工作，而出版事宜也改由大学出版社承担。1922年，当《物理化学杂志》出版第100期时，奥斯特瓦尔德为它撰写了一篇纪念和评论文章《天鹅之歌》，回顾了这份刊物近40年的艰难历程，回顾了自己惨淡经营的物理化学研究事业的发展。

在奥斯特瓦尔德等人的努力下，物理化学日益深入人心，到19世纪末20世纪初，它已成为发展最为迅速的化学分支学科。1888年，创刊仅1年的《物理化学杂志》第2卷共发表论文75篇，比第1卷多20余篇，以后更是逐年增加，到20世纪20年代平均每年要发行6卷，每卷分6期，每期至少有4篇论文。1928年，鉴于物理化学这一领域的研究内容不断扩大，编委会决定自第137卷起刊物分为两个部分出版，A部分仍以物理化学为主，沿用以前的卷、期号；而B部分则侧重量于结构化学，从第1卷开始编号。同时，编辑人员又增加了两人。

1896年，第2份物理化学杂志《The Journal of Physical Chemistry》在美国康奈尔大学创刊，到1906年它已发表了300余篇研究论文，作者主要来自美国和加拿大，其中有不少人曾在莱比锡物理化学研究所学习、工作过。1903年，一份法文的同名刊物《Journal de chimie physique》在瑞士由日内瓦大学教授古叶（P.Guye，1862－1922）编辑出版，他曾于1889－1891年间在法国学习化学，后访问德国，因此结识了奥斯特瓦尔德等人，并一度成为德文《物理化学杂志》的编委。在这份法文刊物上发表的论文中只有少部分是由法国人所作，其余作者仍是来自欧洲各地。由此可见，德文《物理化学杂志》带动了不同语种的相同刊物的出现，它们的蓬勃发展全面、充分地展示了在世界各地物理化学研究的丰硕成果。但是，第二次世界大战的爆发严重破坏了这份德文刊物的发行及影响力，它不得不中断了数年时间。而在此期间，美国的同名刊物发展迅速，待行文刊物于大战末期重新刊印时其国际性已大大削弱。今天，德文《物理化学杂志》仍在编辑出版，以英、德两种文字发表论文。尽管这份刊物上赫然印着"由奥斯特瓦尔德和范·霍夫创办于1887年"字样，但从刊名《物理化学杂志——关于物理化学与化学物理研究的国际性刊物》《Zeitschrift fur Physikalische Chemic——International Journal of Research in Physical Chemistry & Chemical Physics》上即可看出其宗旨和主题已远远地超越了当初。这足以反映100多年来物理化学领域所经历的巨大而深刻的进步。

"物理化学三剑客"

奥斯特瓦尔德同范·霍夫、阿累尼乌斯一起，把物理化学确立为一个得到公认的、独立的学科，并成为这一领域重要的代表人物和组织者，被誉为"物理化学三剑客"。

他们三个人国籍不同、性格不同，而且各自发展了物理化学的不同部分，但他们的成就互为补充，共同缔造了一个庞大的物理化学体系并且使之得到广泛传播。莱比锡大学后来成为世界物理化学研究的中心，而奥斯特瓦尔德等人也就被称为化学史上的"莱比锡学派"。

早在19世纪上半叶，有机化学大师李比希（J.F.von Liebig，1803－1873）在吉森大学成功地组织了第一个研究学派，与之相比，莱比锡学派是19世纪化学史的又一个里程碑。

由于莱比锡学派的工作，使整个化学研究具有了前所未有的精确性，从研究方法上发动了一场变革，为化学提供了一种与物理学、数学相结合的新模式。

自19世纪上半叶起，化学研究和化学教育都是以德国为中心，相比之下，奥斯特瓦尔德、范·霍夫、阿累尼乌斯都是在德国以外的一些较为落后、地方性色彩更浓的学校里接受最初的科学教育。

也许正因为如此，这些学校中物理与化学的界线不像在德国大学中那样明确，所以他们在学生时代就较好地掌握了物理学知识，如奥斯特瓦尔德在多帕特大学担任过物理学助教，范·霍夫开设过物理学讲座，而阿累尼乌斯的导师是瑞典著名的物理学家。

虽然由于地域的局限，他们学到的物理知识不是最先进的，但对于他们后来从事化学与物理学相结合的研究来说已是足够的了。

另外，在他们学术生涯的早期，都是把物理性质与化学性质的关系看做是研究的关键领域，奥斯特瓦尔德把这种关系视为测定亲和力常数的重要手段，范·霍夫希望能更好地认识化学反应的速率，阿累尼乌斯则想把电活性与化学性质联系起来。尽管出发点不同，但具体工作使他们走到了一起了。他们坚信物理学与化学是统一的，并常常从物理学中寻找模型和工具，但并不是想把化学变成物理学的附庸，而是充分利用物理学的理论和方法来解决化学问题，使物理学与化学在自己的研究中达到和谐的统一。

莱比锡学派中没有数学家，他们的论文除了

微积分以外，没有使用过更深奥的数学知识。

但与同时代的其他化学大师相比，奥斯特瓦尔德等人看出了更多的将数学运用于化学的机会，他们每一个人都知道该怎样使数据与方程相符，怎样用抽象的数学符号来简练、精确地表达出复杂的关系，能够熟练地运用方程推导出新的关系式，例如范·霍夫的等容反应方程 $d(\ln K)=Q/2T^2$ 就不可能完全根据实验数据而得，而是结合了数学知识。

还有奥斯特瓦尔德的好朋友拉姆塞，他在英国为电离理论的传播作了许多的工作，但由于缺乏微积分的常识，他始终没能成为运用化学热力学的行家。因而对于莱比锡学派来说，数学虽不占有统治地位，但却是化学研究中必不可少的。

莱比锡学派对实验也采取一种新的态度。在他们看来，实验室是对其思想进行验证的地方，他们不认为只有发现新物质、分离新元素才是化学家的目的。范·霍夫可以说是一个出色的理论家，他坚信除了评价某一思想所需要的实验外，其他的实验都是浪费。

他所发表的实验性论文很少，但他能够从少量的实验数据中看出问题的实质。阿累尼乌斯也是如此，他的学位论文是以很少的实验证据为基础。即使是对实验抱有很大热情、也很有能力的奥斯特瓦尔德，也是致力于通过实验寻找新思想、新方法，把实验研究放在了理论研究之下。

莱比锡学派开辟了化学与物理学交界处的很多未知领域。这未知领域对化学家和其他科学家来说都同样重要。实验室中的化学反应绝大多数都是在溶液中进行，而工业过程也大都如此，因此溶液理论在化学每一个分支中都有潜在的应用价值。

同样，莱比锡学派对反应动力学、平衡和离子作用力的研究，也为有机、无机反应的结构和机理研究积累了大量资料。他们是以化学变化本身以及其产生影响的各种物理因素为研究中心，而不是要分析某种化合物的性质、组成和结构。

这样，在一定程度上，莱比锡学派就可以超出无机化学家和有机化学家的局限，使自己对溶液的研究能为各个学科提供依据，从而找到使化学与物理学、生理学、植物学、地质学等学科相互交流的新途径。

而同时，化学本身也获得了新的完善。他们的成就不仅仅是将物理化学确立为一门独立的科学，而且为19世纪末和20世纪化学的发展提供了新的内容和方法。

1901年，范·霍夫因在溶液渗透压和化学动力学定律方面的出色研究，成为诺贝尔化学奖的第一位得主；两年之后，阿累尼乌斯因电离理论也获得了诺贝尔化学奖。

1909年，为了表彰奥斯特瓦尔德因催化作用等方面的研究，诺贝尔化学奖再一次颁给了物理化学家。到世纪之交时，物理化学这门新学科已经具有了与古老的无机化学、有机化学同样重要的地位。

被誉为"物理化学三剑客"的奥斯特瓦尔德、范·霍夫和阿累尼乌斯，他们三人的经历中许多相似之处，他们都不是出生于显赫的科学世家，阿累尼乌斯的父亲是乌普萨拉大学管地产收入的行政官员，而范·霍夫的父亲是医生，奥斯特瓦尔德的父亲则是制桶工人。

奥斯特瓦尔德和阿累尼乌斯都没有成为有机化学家，范·霍夫最初研究有机化学，但也很快就改行了。他们关心那些与亲和力有关的问题，如质量和温度对化学平衡的影响、渗透压现象、电导现象等。最初他们的工作和观点是彼此独立的，但后来逐渐汇集到一起，有时完全相似，有时又互为补充。

范·霍夫原是一位受过专业训练的有机化学家，是一个不善言谈而长于深思的人，喜欢康德的哲学和拜伦的诗。他性情孤僻，与同事、学生们在一起时总是沉默寡言；他的著作总是标题很长、段落很短、句子很精练，而各问题之间很不连贯，较为难读，因此读者群很小。

在实验室中，他不像奥斯特瓦尔德和阿累尼乌斯那样显得易于合作；而在自由讨论时，他也从不作出结论。他做了大量的实验，但只发表了很少的一部分。

他20岁离开荷兰去德国和法国学习有机化学，22岁时写了一篇关于碳原子立体结构的论文，对结构化学做出了贡献。但论文发表后他失业了近两年。随后在一个兽医学校教化学和物理，直到1878年才在新建的阿姆斯特丹大学担任了化学、矿物学和地质学教授。

在他所有的工作中，有一个主题贯穿始终，那就是他坚信化学的大部分都可以归到物理学中，于是他放弃了有机化学，转向以动力学、热力学等原理为基础来研究化学反应的机理。

阿累尼乌斯出生于瑞典的乌普萨拉。在斯德哥尔摩大学物理实验室进行博士论文实验时，他选择了通过导电性测出蔗糖分子量为研究课题。后来的实验没有达到这个目的。但提示出溶液的导电性以某些方式随浓度的不同而改变。

1844年他完成了博士论文，提出如果溶液中电活性分子质量与化学活性分子质量相等，那么就可以采用导电性数据来得到反应速率、亲和力常数及反应热。但这一新观点遭到大多化学家的反对，部分原因是由于他的一些概括只是根据少数例子得来的，例如他提出酸强度与活性系数间关系时仅仅研究了5种酸。

同时，他关于离子是在无电流作用下产生的观点也令很多化学家无法接受。评审委员会把这篇论文评为"四级"，这样根据乌普萨拉大学的学制，阿累尼乌斯只能在中学而不能在大学里教书。

但是，收到这篇论文复制件的奥斯特瓦尔德表现了极大的兴趣，不仅在访问瑞典时专门的见了阿累尼乌斯，而且利用自己的影响为阿累尼乌斯争得了一个较好的工作环境。

奥斯特瓦尔德、范·霍夫和阿累尼乌斯是非常亲密的朋友，其中范·霍夫最大，阿累尼乌斯最小，他们经常来莱比锡奥斯特尔德家作客。人们对他们之间的友情感到奇怪：范·霍夫身材颀长，具有典型的荷兰人的特征；阿累尼乌斯较矮较胖，看上去一点儿也不像一位科学家，倒像一个啤酒商；而奥斯特瓦尔德这个来自于波罗的海边的德国人，健壮得像一个农夫，他那双能够洞察一切的蓝眼睛和满头红发，使他即使是在人群中也显得非常引人注目。

在这里，我们可以从奥斯特瓦尔德本人对伟人的性格所做的一些研究中获得一点启发。在《伟人》一书中，除了为几位科学巨匠唱赞歌之外，奥斯特瓦尔德还试着总结出几条能够决定伟人性格类型和创造特性的通用法则。他把两种完全不同的人分为"古典型"和"浪漫型"。

当然，这种分类法并不是他独创的，但他在

用心理学来解释这两种类型上却颇有独到之处。大概是出于职业习惯，他把这一切归因于反应速度的不同，浪漫型的人反应速度很快，活跃范围很宽，创造欲望很高，以至于常常在下一个问题出现之前来不及总结前边的想法；古典型的人反应速度很慢，追求的是目标的深度，并尽量使自己的作品趋于完善，在自己没有满意之前决不会公之于众。

　　这样，浪漫型的人往往都是学派的领袖，而古典型的人却很少有学生。按照这样的定义，范·霍夫就是属于纯粹的古典型，他所有的工作都经受住了时间的检验，对于他来说，已完成的作品不需要再作任何补充了。

　　相比之下，奥斯特瓦尔德是一个典型的浪漫型。他富于思想，仿佛浑身有着无穷无尽的魅力，而当你一旦靠近他时立刻就会情不自禁地受到感染。

　　如果说范·霍夫属古典型、奥斯特瓦尔德属

浪漫型，那么，阿累尼乌斯呢？读者也许会把他列入古典型，但实际上阿累尼乌斯不属于这两种类型中的任何一种，他属于中间型，他的反应速度和讲话速度都很慢，但在他的头脑中总有许多奇妙的想法。

这三位共同创立物理化学的科学家不但性格不同，而且在科学史上的地位也完全不同。三个人中，范·霍夫是最伟大的科学天才，他创造了新的思想，并且看到了探讨化学问题的新途径；其次是阿累尼乌斯，他提出的新概念数量之多，意义之重要无人可比。

如果把他们比作一个机构的大脑，那么，奥斯特瓦尔德就是它的手臂，或者说是它的管理者和宣传者。这并不是说要贬低奥斯特瓦尔德的研究工作的价值，而是指他在科学史上最大的贡献，是他最早认识了一个新学科，后来又宣传了这个新学科，他是这个新学科的组织者：他撰写了第一篇论文并产生了巨大的影响，他创办了第一份物理化学杂志，他做了大量的教学工作使第二代物理化学家得以茁壮成长，他在各种刊物、会议，甚至在迟钝的保守的老式学术机械中为捍卫新思想而斗争。

正是由于他的不懈努力，物理化学才得以在短短10年的时间里被确立为一门科学，并且拥有了与有机化学、无机化学同样的地位，而他的实验室成了世界物理化学研究的中心。

在如何对待衰老这个人人都会面临的问题上，他们三人也各有着不同的态度。50－60岁，对于一个科学家来说是一个难以适应的年龄，年龄会使他觉得力不从心，时常会感到疲惫不堪，可他们仍然奋斗不止，范·霍夫采取的是一个令人不易察觉的解决方式，那就是辞职。尽管如此，辞职后他并没有懈怠，而是与几个学生一道，发表了一大批研究海洋沉积的论文，这些论文所具有的价值充分显示出正逐渐衰老的范·霍夫仍在不断地扩展着自己曾有过的思想；阿累尼乌斯没有辞职，他放弃了化学，但他找到了一个能将自己的渊博知识和丰富想象力最大限度用来宣传、普通科学的新领域，他用物理化学的原理来研究宇宙问题，他撰写了像《创造中的世界》这样一大批影响很大的科普著作；而奥斯特瓦尔德，当他意识到物理化学没有他也可以很好地发展下去的时候，他感觉到格外疲惫，这么多年他一直承担着超负荷的工作量，撰写了共16000页计22卷的论著。这时，奥斯特瓦尔德自幼萌生的对于化学的浓厚兴趣顿时消失得无影无踪，他开始寻找其他的、更为广泛的研究领域。于是他首先成了一位哲学家，于1902年出版了《自然哲学论集》，并且创办了《自然哲学年鉴》，后来又成为德国最大的团体"一元论者同盟"的领袖。同时，多年来对绘画艺术的热爱，促使他开始自己制造所需的颜色，并在此基础上总结出了颜色理论，从理论上和实践上对颜色进行研究，这研究不论是艺术还是对工业都产生了深远影响。后来，他又对世界语发生了兴趣；他还竭力提倡按黄金分割法来统一出版物形状。尽管他在1906年就过早地辞去了教授职位而退休，但工作并没有因此而稍有停止。在退休生涯中，他依旧是一个"浪漫"的人、活跃的人。

新思想的捍卫者和宣传者

19世纪下半叶物理化学的历史，是莱比锡学派的创业史，也是化学及其边缘领域中心思想、新理论发展的历史。在自然科学领域，一种新思想先诞生于学者的研究中，但只有融进了教育、工业生产以及专门机械这样一个大体制中，才能得到发展和繁荣。19世纪80年代是物理化学思想形成、并使旧观念发生变革的时期，而宣传、斗争、成长则是19世纪最后10年物理化学发展的主旋律。

在使新思想走出实验室，进入大千世界的过程中，莱比锡学派的成员们发挥出了连自己都未意识到的才干。被后人誉为"物理化学之父"的奥斯特瓦尔德，是莱比锡学派中最富有情感、最善于宣传的人。他能够写出简练、优美的散文而且几乎无需修改，他撰写了一系列全是以新的溶液理论为立足点的教科书，其中很多被译成了多种文字；他是第一个把吉布斯的论文译成德文的人，率先把物理化学这一门新学科介绍给了数以百计的年轻学生。与此同时，奥斯特瓦尔德在莱比锡大学创办的物理化学实验室也创造了世界各地青年学子向往的圣地，培养出了一大批年轻的物理化学家，如著名的化学家能斯特（H.W.Nernst，1864－1941）、勒·布兰克（M.J.L.Le Blanc，1865－1943）、伯登斯坦、富朗特里希（H.Freundlich，1880－1941）等都曾是他的助手或学生，他们成为传播新思想、新理论的重要科学家。

范·霍夫尽管生性腼腆，但在向公众介绍物理化学这个新领域的过程中也逐渐扮演了重要角色。他在阿姆斯特丹创办的"研究学派"吸引了来自欧洲和美洲各地的学生。范·霍夫随后又被任命为普鲁士科学院教授，1901年获第一届诺贝尔化学奖，接着在大西洋两岸巡回演讲，这位出色的化学理论家赢得了世界性的荣誉。

阿累尼乌斯不是莱比锡学派的领袖，但他所提出的电离理论是物理化学的核心之一，而且他对普及科学知识有极大的兴趣。他于1903年获得了诺贝尔化学奖。在继续研究溶液中盐性质的同时，阿累尼乌斯还研究了地质学、天文学、生理学等，他的工作为后人开辟了新的思路。

事实上，尽管在1887年创办《物理化学杂志》时奥斯特瓦尔德就预言"物理化学是一门属于未来的化学"，但在整个欧洲没有人以为然。在德国本土，物理化学面对的是一批顽固而又强有力的有机化学家的反对，他们在国内的大学中占据着优势地位，把奥斯特瓦尔德及其追随者看做是闯进圣殿的入侵者，同时他们还与掌管教育的官员结成了同盟。由于到19世纪末时，政府逐渐意识到从公众手里敛来的资金也不够支付所有大学中所有专业的开支，于是官员们便越来越热衷于通过设立相同职位、相同机构的办法来相对地集中财力。其结果，这样的政策不会对有机化学家产生什么影响，因为他们已经控制了绝大多数学校中的化学机构和职位。但它严重限制了一些新专业设立相应的教职和机构，其中就有物理化学。到1904年，德国21所大学中只有4个物理化学研究所，即莱比锡、哥廷根、吉森和弗赖堡；另5所大学把自己的化学机构分了一部分给物理化学家，但只让他们担任讲师而不能担任教授。这些物理化学机构不仅在数量上很少，而且经费也比其他化学机构少得多，如莱比锡大学在1895－1896年度经费预算中奥斯特瓦尔德的工资还不到一位有机化学家同事的一半；而1910年度哥廷根大学给物理化学研究所的拨款只有有机化学研究所的1/3。

在英国，反对物理化学的不是有机化学家和政府官员，而是以阿姆斯特朗（H.Armstrong，1848－1937）为首的一批无机化学家，他们把矛头直接指向电离理论。直到第一次世界大战以后，牛津和剑桥才设立了物理化学职位。

而在法国，由于1871年战争结束后留下的苦难，德国教育体制进入法国，以及法国知识分子的民族情绪，都大大阻碍着法国学生去奥斯特瓦尔德实验室或其他德国物理化学机构学习、工作，结果，只有少数法国化学家与国外机构中的物理化学家有一些私人接触，其设的教材也忽略了这类研究。1898年巴黎大学设立物理化学教授职位时，三个候选人都与奥斯特瓦尔德等人少有接触。如前所述第一份法文的物理化学杂志于1903年创刊，创办人不是法国人而是日内瓦大学的一位教授，由此足以反映出物理化学所受到的冷遇。在孤立于国外化学界的同时，法国化学家内部也出现了分歧。作为法兰西大学的教授和法国科学院的常任秘书贝特洛（P.E.M.Berthelot）威望极高，但专横跋扈，他始终坚持最大功原理（即纯化学反应总是向着能放出最大热量的方向进行），而凡是反对他的人都要冒着被贬职甚至失业的危险。

但是，反对终究没能扼杀一个新学科的发展，物理化学仍在缓慢地传播开来，并受到新机构和年轻人的热烈欢迎。德国的物理化学家可以在迅速发展的工科大学、技术院校中找到一个比在综合大学里更好的职位。到1910年，在德国11所技术院校中，物理化学家占据了全部4个教授职位，而且这些院校雇用了很多物理化学家，他们具有各种学历。英国的伦敦大学、利物浦大学等新设机构为奥斯特瓦尔德的学生提供了很多机会。拉姆塞（W.Ramsay，1852－1916）

是伦敦大学的著名化学教授，也是奥斯特瓦尔德的崇拜者，他把自己的实验室向从莱比锡回来的年轻化学家敞开，从而使其中的很多人后来成为英国最著名的物理化学家。在法国巴黎，几个受过物理、化学严格训练的年轻科学家发现并开始研究吉布斯的作品，与莱比锡学派保持着一定联系，他们的研究方法常常更为抽象、更为正规。到1910年，南锡等城市的实验室为学生们提供了物理化学训练。在这些迅速成为工业中心的地区里，物理化学的发展非常活跃，但科学家们更关心的是应用性的电化学而不是理论性的热力学。

对于物理化学这门新学科来说，美国是一片特别适于生根、成长的沃土：没有传统的、顽固的势力阻碍，但同时又是一个没有任何研究基础的国家。美国的物理化学家就是在这样一种完全空白的条件下建造起众多的实验室和研究机构，建造出独特的学术气氛和研究传统。在奥斯特瓦尔德退休之前，共有40多位美国化学家在莱比锡与他一起学习、工作过。他们中的绝大多数后来成为美国一流大学，如哈佛大学、麻省理工学院、康奈尔大学、威斯康星大学、斯坦福大学、哥伦比亚大学、约翰·霍普金斯大学等的专职教授。这些人在教学、研究两方面都极为出色。1946年通过对130余位美国一流化学家进行问卷调查，评出了6位最有影响的化学教师，其中有3位是奥斯特瓦尔德的学生，邓G.N.路易斯（Gilberl Newton Lewis，1875－1946）、诺伊斯（A.A.Noyes，1866－1936）和理查兹（T.W.Richards，1868－1928），他们三人还获得过伦敦皇家学会的最高荣誉戴维奖，并且理查兹于1914年获诺贝尔化学奖。此外，在这40多位毕业于莱比锡的美国化学家中，有4位因对应用化学的贡献获得了美国化学与电化学分别授予的柏金奖，6位先后任美国化学会主席，11位当选为国家科学院院士，28位被《科学美国人》（《American Men of Science》）评为美国杰出科学家。由于他们的努力，使物理化学在19世纪末20世纪初的美国发展得最为迅速。1901年美国化学会作了一次普查，其结果表明在美国39所院校中有500多名学生学习物理化学课程；1896年《美国化学杂志》发表的论文中只有5%是物理化学类，而到1910年已上升为20%。在这个蓬勃发展的过程中，奥斯特瓦尔德的美国学生起到了重要作用。

继欧洲之后，物理化学也慢慢地传入了日本、中国等亚洲国家。1899年，两位日本青年学者池田菊苗（1864－1936）、大幸勇吉（1867－1950）赴德国莱比锡大学物理化学实验室学习、工作，他们回国后把最新的物理化学知识介绍到了日本，使日本的物理化学研究在第一次世界大战前得到长足发展。同时，他们撰写了大量教科书，其中许多在20世纪初被我国学者译成中文，《化学新理》（清末光绪年间刻印本，王季烈著）就是第一部把物理化学知识引入我国的著作。它是根据大幸勇吉的《近世化学教科书》（1899）编译而成，据研究成书年代应在1900－1903年间，书中提到了化学平衡、溶液依数性等基本概念。作者王季烈（1873－1952）是清末时期我国著名的戏曲学家，但对自然科学也有浓厚的兴趣，曾为江南制造局翻译过一些科学技术类书籍。继《化学新理》之后，1908年他又根据大幸勇吉的修订本再次编译出版了《近世化学教科书》，至1912年该译书已再版四次。除王季烈外，樊炳清也于1903年根据大幸勇吉原著翻译出版了《近世化学教科书》（教育世界出版所）。这些译本在一定范围内向我国的一些学者介绍了一些的物理化学知识，成为物理化学传入我国的始点。到20世纪初，留欧、美国学生大批回国，先后在几所大学开设了物理化学课程。1925年，从美国回来的黄子卿（1900－1982）在北京协和医学院开始了我国最早的物理化学研究。这样，物理化学逐步进入了我国的科学教育与研究领域，最终形成了一门独立的学科。

而在20世纪30－40年代，我国一些学者也把奥斯特瓦尔德的著作译成中文直接介绍给了中国读者，如《化学学校》。实际上这是一本告诉学生什么是化学、怎样学习化学的科普读物。原书文笔生动、浅显易懂而且风趣幽默，因而在德国深受欢迎，修订再版四次，译成中文后，不但在《化学》杂志上连载，还印成单行本发行，对向我国国民普及化学知识起到了很好的作用。

最受欢迎的教师

　　1887年9月，奥斯特瓦尔德应聘赴莱比锡大学担任当时德国唯一的一个物理化学教授职位。以后的20年里，他在物理化学方面的工作硕果累累，成为该领域的重要领导人。他还是一位探索化学教育新途径的重要先驱，采用了一些新方法来培养未来的化学家，尤其注重培养学生的独立工作能力和对实验结果的判断分析能力。

　　一到莱比锡，奥斯特瓦尔德立即着手筹建

一个专门用于物理化学研究的实验室。由于初来乍到，他不得不在一所早已被弃之不用的旧农业实验室里构造自己的梦想。经他改建后的物理化学实验室被称为"第二化学实验室"。房间里光线很暗，通风条件极差，实验时只能靠一只煤炉子来供热，因而常常是灰尘满屋，致使一些较好的仪器设备受到不同程度的损坏。另外，这种老式建筑里没有任何缓震措施，稍有振动，实验便只好半途而废。总之，这里物质条件极为简陋，无论从哪一方面来看似乎都不适合于进行那些精密的、使奥斯特瓦尔德及其同伴成名的实验。同时，奥斯特瓦尔德还要承担繁重的教学任务，管理一批学习分析化学和药物化学的学生。而且，由于奥斯特瓦尔德的前任是一位物理学家，因此在这所大学里从来就没有研究物理化学的传统。这样，奥斯特瓦尔德不得不一边装备实验室，一边努力赢得同事、助手、学生的好评和支持，同时还要进行研究、写作和编辑工作。

但是，面对这众多的工作和困难，奥斯特瓦尔德没有却步，而是以自己惯有的热情来做这些工作。在上任的头几个月，他聘请了三位很得力助手，瓦格纳（J.Wagner）负责指导分析化学专业的学生，贝克曼（E.Beckmann）是一位熟练的有机化学家，负责指导药学专业的学生，而W·能斯特是阿累尼乌斯推荐来的，后来成了奥斯特瓦尔德在物理化学研究上的得力助手，深得器重。能斯特刚开始工作时是个光杆司令，因为没有学生要学习物理化学，1887年秋天只有两个学生选修物理化学的实验课，直到次年春天才有一个物理化学专业的学生入学。然而，奥斯特瓦尔德很快就表现出出色的教学能力，而且在学术研究上的声望也日益提高，这就吸引了越来越多的学生纷纷投到他的门下，到了1889年有13个人学习物理化学专业，很快又增加到了30个，使本来就狭小的实验室达到了饱和状态。此后接受物理化学实验训练的学生人数就一直稳定在这个水平上，直到1897年一栋新实验室竣工，奥斯特瓦尔德才得以扩大招生数量。

这个新的物理实验室室内、外部构造以及所有设备安装全部是由奥斯特瓦尔德亲自设计的，可同时容纳40个学生做实验，但几乎每一寸空间都被利用上了。

在实验里，奥斯特瓦尔德以验证、发展和运用溶液定律及电解理论作为自己和弟子们的研究方向。奥斯特瓦尔德的稀释定律就是其中的第一项成果。以后，他又以质量作用定律和电离理论为基础提出了酸碱指示剂理论，并在结晶作用研究上作出贡献，还提出了定性的催化作用理论并因此获1909年度的诺贝尔化学奖。而能斯特以溶液中离子的扩散为研究课题，阐述了一种盐对其他另一种盐的可溶液性的影响，并且以范·霍夫和阿累尼乌斯的工作为基础，提出了原电池中电化学作用的模型和定量理论。其他人则研究了电解过程中电极上的反应、汞剂的电化学性质和溶液的综合性质。

　　在奥斯特瓦尔德转向研究哲学之前，实验室一直是以他为中心。实验室工作使他格外忙碌，与助手交谈，不断发出安装仪器的指示，解释分析实验过程，提出新的建议，这些都是他的日常工作。对每个学生的工作都很感兴趣。随着奥斯特瓦尔德的研究不断发展，他的实验室汇集了来自世界各地的大学生、研究生，他们有着不同的肤色，说着不同的语言，实验室仿佛是一个国际大家庭。学生、导师和访问学者常在实验室举办讨论会讨论研究的主流，而且学生和助手们可以自由出入他的私人实验室，甚至经常到他家里去拜访，不受任何约束。他把自己的家向学生同事们敞开，向他们展示自己所藏的风景画并极兴表演一些小节目。奥斯特瓦尔德的实验室对外国人有着特殊的吸引力，例如在20世纪80年代末，在具有不同国籍的学生中，只有一个是真正的德国人。他的实验室成为世界各国、特别是美国积极进取的学生们向往的圣地。他的许多学生后来成为世界各地的教授。在50岁生日时，奥斯特瓦尔德学生中有147个学生独立取得了科学成就，其中有34个是教授。

那么，奥斯特瓦尔德是如何管理这个庞大而复杂的集体，从而使每个人都能够学有所得呢？首先，他聘用了一批助教来担当他与学生之间的联络人，而这些助教都已是有一定名望的科学家，如布里迪奇、伯登斯坦等，他们直接负责日常的研究工作。每一个研究课题都由奥斯特瓦尔德指定，或确切地说是由他建议而定，当然，他也鼓励年轻学生们自己来选择题目。

其次，也是最重要的一点，那就是每周要举办一次讨论会，让大家来报告自己正在进行的研究工作。每一项研究从始至终都要经过很多次讨论：开始时由奥斯特瓦尔德本人或助手提出课题，大家讨论它应遵循的实验路线；第二次讨论是安排在实验进行过程中，由实验者汇报进展情况，这时他必须提出所面临的困难；最后，实验者提交一份已完成的研究报告以供讨论。从这样一个程序中可以看出：一方面奥斯特瓦尔德充分发挥了自己在实验室中的主导作用，而另一方面每个人都清楚地知道别人正在做什么。在这里，没有任何的装模作样、故弄玄虚，有的只是如奥斯特瓦尔德所说的"兄弟般的坦诚"。

为了培养学生们独立思考、独立判断的能力，奥斯特瓦尔德要求他们自己选择课题，而且坚持每一个人都必须去专门为学生配置的工厂制备自己所需的仪器。他不喜欢那些进行得很顺利的研究，有一次当一个学生汇报了自己认为做得很完满的动力学实验后，奥斯特瓦尔德评论道："这真是太妙了！可问题就在于你的结果与理论符合得太好了。"而在另一次，一个学生因无法取得预期的结果正垂头丧气时，奥斯特瓦尔德安慰他说："亲爱的年轻人，这才是你论文中最精彩的一笔！"

奥斯特瓦尔德之所以能够培养出许多出类拔萃的学生，关键之处就在于他总是能给人以启迪，即便是在平时的谈话中也常迸发出新思想的火花；而且他具有一种能根据学生的不同性格给予区别对待的特殊本领。他知道有一个叫杰费的学生（G.Jaffe）非常喜欢音乐，于是到了该写论文的时候，他就对杰费说："你必须像贝多芬创作一首交响乐那样来写你的论文。想想看，在第五交响曲的第二乐章里，就在快要结束的时候，他使第二个主旋律出现了一个完全崭新的、感人至深的转折！你也应该那样去做！"这番劝告别出心裁而且令人回味。在50多年后的一篇回忆文章里，杰费又清晰、深情地重温了这段教诲，而这时他已经是一位名望甚高的化学家了。

杰费不但以出色的学业成绩引起了奥斯特瓦尔德的重视，而且以演奏小提琴的娴熟技巧赢得了导师及其全家的喜爱。如前所述，奥斯特瓦尔德本人就是一个音乐迷，会演奏好几种乐器，特别是对四重奏一直情有独钟，与两个孩子组成了一个家庭弦乐四重奏，而这个小组的第四位成员就是杰费。奥斯特瓦尔德为这个家庭乐队感到非常骄傲，只要家里一有贵宾来访，他就要让客人听演奏，也不管他们是否喜欢。

1898年，莱比锡大学物理化学研究所正式成立，奥斯特瓦尔德任所长，使该所成为培养物理化学家的中心。但他在这个岗位上仅仅工作了不到10年的时间，早在1894年，他就曾憧憬着能够卸去所有的官职和教学任务，只作为一名研究教授进行一些学术活动，特别是著书立说和编辑《物理化学杂志》。因此，当1905年他应聘到哈佛大学做客座教授后，只工作了一年就退休了。退休后，他集中精力投入了研究和写作。

奥斯特瓦尔德赴美国工作，是德、美两国签署的教授交换计划的具体实施。他成为哈佛大学的第一位德国教授，标志着他作为一位科学家受到了国家的尊敬。奥斯特瓦尔德在美国只待了不到半年的时间，但在哈佛大学、麻省理工学院、哥伦比亚大学等处至少发表了22次演说，还多次举办了自然哲学、普通化学、催化等专门讲座，使美国的学者充分领略到了他作为一位杰出的科学家、善辩的哲学家、出色的教师的独特风采。

登上诺贝尔奖领奖台

1835年，贝采里乌斯（J.J.Berzelius，1779－1848）用术语"催化作用"来表示这样一种过程：通过某种特殊的力，较少量的某种物质能激起其他物质的亲和力，从而加速化学反应的进行，但它自身不发生任何变化。19世纪，已有很多催化作用的例子见诸文献。

1890年，奥斯特瓦尔德研究了有关"自催化作用"的现象，将其定义为：由于化合物中某种物质的存在而继续或加速反应的进行，但这些物质自身没有参加反应的过程。

在1894年的一份报告中，他给"催化作用"下了新的定义：催化作用是由于一种无关物质的存在而使缓慢进行的化学反应加速的过程。他用油对机器的作用，以及抽打一匹懒马的行为来形象地比喻催化作用。

在19世纪的最后10年中，奥斯特瓦尔德实验室对催化作用作了系统的、定量的研究，其中最突出的贡献是研究了过饱和溶液（均相与非均相）的结晶过程以及酶的作用。这项研究表明，一个不稳定的体系，经过最少的反应步骤趋于稳定，而不是通过许多反应步骤后达到一个最稳定的状态。这就是闻名遐迩的奥氏步骤定律。

奥斯特瓦尔德在验证阿累尼乌斯理论时，充分利用了根据催化活性来测量酸强度的方法。在整个过程中，酸和碱本身不变，但其存在却使反应产生加速现象，这令奥斯特瓦尔德和阿累尼乌斯意识到，在这个反应中决定反应速度的因素是酸，而且催化活性与酸的导电性成正比（并与氢离子浓度成正比），但与阴离子的性质无关。当然这只适用于受弱酸催化的反应。

奥斯特瓦尔德很早就强调一种重要观点，即催化剂对总的能量变化不产生影响，因而不会改变在热力学上稳定的可逆平衡的位置。

因此，催化剂必须用相同的比例加速正反应和逆反应，以保持其热力学意义。但是催化剂是否能启动化学反应？作为媒介物它是否同反应物一起形成化合物？对于这些问题他们未能提出令人信服的答案。

在对催化作用进行理论研究的过程中，奥斯特瓦尔德偶然了解到硝石问题是德国的一个重大问题，智利硝石价格昂贵，供应缺乏保证，而且硝石又是战略原料，是制造炸药的必需品。

因此必须在国内开办工厂生产硝石。尽管用空气制取氮的设想早已变成了现实，但由于人们无法使氮、氢化合，所以还不能用游离氮来制取硝石。

奥斯特瓦尔德针对这一问题开始了全面研究，一方面要掌握合适的条件和催化剂，通过最简便的、也是唯一的氮氢合成法来制取氨；另一方面还要研究有无可能把氨氧化成氧化亚氮，从而制出硝酸和硝石。因此，他把焦点集中在制作氨和硝酸这两个主要问题上。

奥斯特瓦尔德先和伯登斯坦，后和布劳尔（E.Braucr）博士提出了氮气和氢气在高温和高压下合成氨的流程，以一束热铁丝作为催化剂。经过一系列实验，他们又发明了一种用锡催化，将氨催化氧化为硝酸的工艺。这中间的主要实验都是由布劳尔负责进行的，他后来成了奥斯特瓦尔德的女婿。

从1906年起，这项工艺在工业上得到了开发，到1917年用这种工艺生产的硝酸已达26000吨。但到这时，奥斯特瓦尔德和布劳尔的早期研究已经被人们忽略了。

奥斯特瓦尔德坚信氨一定能够由氮和氢直接来合成，从它们的平衡常数值即可看出这一点，只要具备合成条件，选择适当催化剂就行。但是，就在奥斯特瓦尔德刚刚取得一些进展的时候，F·哈伯已先他一步提出了氨的合成条件，后来由C·波什实现了工业生产，开始向全世界源源不断地供应固氮化肥——氨。

正是由于有了奥斯特瓦尔德从很多方面来研究催化过程，合成氨才最终得以实现；而自贝采里乌斯提出催化现象后，在奥斯特瓦尔德着手研究前的半个多世纪里，它一直没有得到人们的重视。奥斯特瓦尔德在这一领域中的成就得到了世界科学界的高度评价，1909年因此而获得了诺贝尔化学奖。

1914年第一次世界大战的炮声，破坏了全欧洲的和平，震碎了格里斯乡村的宁静。由于奥斯特瓦尔德不懂得这场战争的帝国主义性质，因此也表现出了明显的民族沙文主义。

1914年10月，德国科学界和文化界在军国主义的操纵下，发表了一个为德国侵略暴行辩护的宣言《告文明世界宣言》，在上面签名的就有奥斯特瓦尔德。另一方面，由于军火生产日益不济德军一再受挫，德国政府多次向奥斯特瓦尔德讨教。起初他置之不理，后来在舆论的压力下，他不得不提出用极易获得的氨来大量生产硝酸，借以维持庞大的军火生产，使德军在战争末期又苟延残喘了1年多。

战后，德国追究奥斯特瓦尔德以制硝法资敌的罪过，各国的物理学家和化学家极力为他辩护，认为他早在1909年就因从氨氧化来制取氧化氮的发明获得了诺贝尔奖，后来以氨制造硝酸不过是这项发明的引申，完全不能构成罪过。

但是，在奥斯特瓦尔德的心中毕竟还是埋下了愧疚和悔恨。其实，早在大战的末期，战争的进程就已使他猛醒，他放弃了自己的错误立场，

并在反对把人类推向战争深渊的运动中采取了许

多实际的步骤。

唯能论与乡间别墅

19世纪末，化学界接受了道尔顿的原子论，那时，这个原子论显然还只是一个没有多少实验依据却很有用的假说。当时，化学界有很多人怀疑原子和分子的物理真实性，其中就有奥斯特瓦尔德。他反对原子论是由于他强烈信奉一项以能量为基础的科学计划，他打算撰写一部规模宏大的名为《世界观》的书，把自然科学、社会科学和人文科学一并包容在内。

能量概念在奥斯特瓦尔德的"能"学中占据了中心位置，对于他来说，"能"不是像物理学中那样是一个派生的量，而是最基本的。他认为"能"是世界上唯一的真实实体，物质不是能的持有者，而是能的一种表现形式。他坚持认为，与分子运动理论相比，能学原理可为化学提供一个更为明确的基础。

由此，他认为进一步阐明物质概念是多余的，可以通过分析自然界和实验室中发生的能量转移来得到满意的说明。他还指出，被称为物质的东西，只是在同一地点被同时发现的各种能量的复合体；物质间的区别，可简化为物质间所含能量的区别。

尽管到19世纪70年代，用于化学计量学的原子概念已经被广为采用，但奥斯特瓦尔德始终认为原子是纯理论性的自然哲学的产物。1887年，他以"能及其转变"为题，在莱比锡大学作过演进；1891－1892年间，他在《唯能论研究》中再次就能量的重要性提出看法。

1895年奥斯特瓦尔德在德国科学家与物理学家学会的会议上作了题为《科学唯物主义的胜利》的演讲，认为能量作为一个概念已取代了物质。这种看法受到玻尔兹曼（L.Bolizmann，1844－1906）、普朗克（M.Planck，1858－1947）、能斯特等人的反驳。在以后的几年里，由于物质粒子性的实验证据日益令人信服，物理学家、化学家最终都认为唯能论是一种异端，但奥斯特瓦尔德仍一直坚持探索并积极阐明与原子论对立的唯能论。事实上，他把自己作为能学家的思想范围扩大到了世界观的水平上，甚至当他已接受物质的原子—分子论之后，仍坚持这种观点。

在《自然哲学课程》（1902）一书中，奥斯特瓦尔德设计了一个系统的哲学唯能论计划。这本书是献给马赫（E.Mach，1838－1916）的，奥斯特瓦尔德认为自己受他的影响最大。在反原子论的观点上他们虽然是一致的，但马赫并没有接受奥斯特瓦尔德的唯能论。

这一时期，唯能论不仅占据了忍气吞声全部思想，而且还体现在他的日常生活之中。1901年，他在萨克森省格里马附近的一个乡村格里斯博滕购买了一块地产，在林边建起一座房屋，并且给它取了一个有趣的名字——"能量"。从那时起，这里成了他勤奋思考、努力工作的又一个战场。退休以后，他把家和庞大的图书馆都搬到了这座乡间别墅，以一个独立的学者和自由思想家的身份，在此致力于能学、科学方法论、科学组织工作、世界通用语、国际主义与和平主义的研究。1909年以后，他把更多的时间用来研究哲学。

1900年前后，在两个信仰不同的科学家阵营间展开了一场关于唯能论与原子论的激烈斗争。奥斯特瓦尔德是唯能论的领袖，而且是攻击性非常强的领袖，他及其追随者们声称他们所代表的是"不需要假设的科学"，要求物理学、化学都要像力学一样是纯描述性的，而这种描述性必须以几个完全通用的原理（如热力学的两个定律）作为基础，同时这些原理只能与观测数据有关，不能使用任何模型。当时，奥斯特瓦尔德宣称化学计量学的证据不能证明原子的存在，这使很多人惊讶，因为这种态度与一个化学家的身份实在是相去甚远。在1904年对英国皇家学会的一次演讲中，他试图把道尔顿的定比定律和倍比定律解释为平衡效应，这与关于原子组成的实验证据大相径庭。他固执地认为气体动力学理论的最后结果不具有确定性，因为它们都是以特殊的、简单的模型作为基础，没有涉及像热力学第二定律作为一个或然性定理那样深奥的理论。

在这次谈话中，奥斯特瓦尔德说："要从化学动力学原理中推演出所有的化学计量学定律是可以做到的，如定比定律、倍比定律和当量定律"。但是到目前为止，原子假说还只是有可能推演出这些定律。因此，化学动力学已使原子假说无能为力，它为有关化学计量学定律的理论提供了一个比原子假说更为牢固的基础。后来，奥斯特瓦尔德又继续阐明，尽管原子概念与根据经验所得的化学计量学定律能很好地吻合，但人们仍可以不用原子概念而重新定义元素、化合物和溶液。他通过对吉布斯热力学的研究，以及依据吉布斯相律的术语对化学和物理体系的平衡进行分类来证明这一点。他的这种做法虽使自己很满意，但未能使更多的化学同行信服。

另外，奥斯特瓦尔德还根据好友拍姆塞爵士的"放射"实验，提出了元素嬗变的钟乳石模型，用高能垒（长钟乳石）代表较轻的元素，低能垒（短的钟乳石）代表嬗变性强的元素。

1906年前后，有关物质粒子性的证据已经非常引人注目，这时奥斯特瓦尔德和马赫等学者开始接受原子论，或至少是物质结构的粒子观。1909年，奥斯特瓦尔德在《普通化学概论》第四版的前言中，坦率地表白了自己接受原子自然存在的思想，承认经过众多学者的卓越研究，原子假说已上升为一种科学的基础理论，并且在介绍普通化学现状的教科书中能取得一席之地。然后他又作了补充说明：“在获得实验证据之前，对原子论的驳斥是完全正当的。因为从化学计量学的观点来看，原子理论仅仅是一个方便的表达式，如果没有原子概念的帮助，对实验事实的表示也可以做得同样好，甚至更好。”

到20世纪初，奥斯特瓦尔德反对原子论和坚持唯能论的观点已经越来越不得人心，科学家和哲学家（不管是唯心论者还是唯物论者）都反对他的唯能论，驳斥他的关于物质概念从属于能量概念的观点。尽管如此，我们仍要肯定奥斯特瓦尔德由唯能论派生出的两个推论，即把热力学第二定律阐述为不可能存在的第二类永动机，用吉布斯和亥姆霍兹自由能函数代替反应热来作为反应自发性的判据和体系平衡位置量度的理论都是正确的。

要全面了解奥斯特瓦尔德的唯能论，在这里必须讲一讲唯能论的敌对一方。原子论者虽然也意识到他们所捍卫的仅仅是一些模型，但他们正是为了这些模型的合法性而战。而且他们从一个更深的角度认识到如果只依靠观测到的数据，是不可能获得自然法则的，只有考虑到物质的成分，对几个有限的概念进行推导才能够得到它们。原子论者的领袖玻尔兹曼，曾与克劳休斯（**R.J.E.Clausius，1822－1888**）、麦克斯韦一道开创了动力学理论。

尽管奥斯特瓦尔德与玻尔兹曼的学术观点上截然对立，辩论得不可开交，但他们却彼此敬重，而且私下里是很好的朋友。在莱比锡大学设置了理论化学的职位后，奥斯特瓦尔德非常大度地坚持这一职位的最佳人选是玻尔兹曼。于是，学生们常常看见这两位"敌对"学派的领袖在同一所大学、甚至同一个讨论会上肩并肩地讲课或者讨论他们的意见分歧，有趣的是他们的学生们也像他们一样互相争吵却又彼此友好。事实上，奥斯特瓦尔德是一个坚信"以斗争来解决"的人，在与玻尔兹曼的战斗中起初是奥斯特瓦尔德略占上峰，究其原因，一是由二人性格不同决定的，二是由于玻尔兹曼刚刚经历了一次精神抑郁期。

正如前面讲到的，奥斯特瓦尔德是一个伟大的斗士，他常常能促使一大批科学家情不自禁地走向他的某个目标。而玻尔兹曼正相反，虽然身材魁梧，一大蓬黑络腮胡令人畏惧，但实际上却温和而脆弱。奥斯特瓦尔德曾说"他不像是这个世界的人"，而他自己也说他是最不应该长着一蓬像莫扎特、席勒那样大胡子的人。这有两重含意，一是指音乐和诗歌对他这个纯科学的典型人物的生活有着巨大的影响，二是说他喜欢莫扎特和席勒而不喜欢贝多芬和歌德。其实，尽管他与莫扎特非常形似，但从内心经历来说，他更像著名的法国钢琴家皮尼奥（Pugno）。

　　尽管玻尔兹曼在写辩论文章时文笔犀利，但在面对面的论战时他实在不是一个好辩手，声音很弱很尖，与队友和敌手相比他的发言往往相形见绌。事实上他在莱比锡生活得很不愉快，也很想念家乡，常常会长时间地遥望他的出生地奥地利山脉，这一时期他的情绪坏到了极点，因此只在莱比锡待了两年就回奥地利担任维也纳大学的教授去了，4年以后便以自杀结束了一生。

　　当时没有人知道这样一位科学家为什么要结束自己成功的一生，但可以肯定这与他的科学地位不无关系。来到莱比锡后，他感到科学不是在朝着他毕生为之奋斗的方向上发展，他意识到自己的出类拔萃的位置正在为人所代替。他的自杀与拉瓦锡被砍头、迈尔（R.J.Mayer，1814－1878）被送进精神病院、居里（P.Curie，1859－1906）葬身于车轮下一样，是科学史上最惊人的事件。而更富有戏剧性的是，玻尔兹曼死在他的

理论即将取得最后胜利的前夜，现代科学的发展
很快就证实了他的想法。但奥斯特瓦尔德却亲眼
看到了原子的真实存在。

探索颜色的奥妙

奥斯特瓦尔德从童年时代就开始学画，绘画的技巧日益纯熟，辨色感也更为细致。在他的生活中，绘画成了他不可缺少的活动。但是，对于这样一位终生从事物理量和化学量测定的科学家来说，连最简单的验色标准都没有的状况简直令人难以容忍。

于是，在定居乡间后不久，奥斯特瓦尔德又扩建了一个用于颜色研究的实验室。在乡间别墅生活的最后10年里，他以极大的热情来系统地研究颜料和颜色问题。从色彩的标准化开始，他对颜色进行了系统调查，提出了定量的颜色理论，并且在实验室里制备颜色样品和着色物质，他认为灰是白和黑的混合，并借助于半影光度计，利用标准白颜料和改变照射于其上的光的强弱，配成了任何已知的灰色。他由灰色继续得到其他颜色，提出每一确定的物体颜色都是标准的"全"色，即黑色和白色的混合。

组织完善，考虑周到，是奥斯特瓦尔德从事颜色研究的特点。他先是自制成比色板：将许多染料按不同的比例调配起来制成各种不同的颜色，把最浅的颜色白色标为a，把最暗的标为1，最后的几个字母分别排给了一些混合而成的黑颜料。再用每种混合颜料在上面画一横道，横道与横道之间留有很小的间距。要是有某种颜料需要验色，只需把玻璃片往颜料上一放，就能很快确定出这种颜料的大致度数。在做出了这种比色板后，又利用它们排出了一整套验色等级表。

他把白—灰—黑系列列入非彩色中，在测定了纯灰色之后，他借助于自己制作的分域光度计查明了灰色的等级，以此作为测定颜色所需的标准非彩色等级。在这项工作中，奥斯特瓦尔德提出了一些新的概念：纯色、非纯色、金纯色。对属非纯色的颜色，s则代表黑色。基于"物体的颜色基本上是光的混合比"的假设，奥斯特瓦尔德提出以"半色"来表示含有可见光谱全部波长之一半的混合物。为了测量物体的颜色，他使用了等色调三角和色调环，他还发明了一个偏振混色器来测定色调。他利用接受100分格色环的号码和色料白容量与黑容量的百分数，来给标准化的亮色编号，从而使"颜色的世界处于测量与数字的控制"之下。为了使色环和着色体得以标准化，奥斯特瓦尔德还于1917年出版了一本《颜色图册》，1920年又出现了一本《颜色标准图册》。

随后，他从颜色标准化转向了颜色协调的研究。他按照人类感觉的特征来选择颜色的标准，使色标尺按对数分格，这样，这就可以像在音乐中构造和声那样来构造颜色的和谐。在《颜色和谐》（1918）、《颜色》（1921－1926）、《形态的和谐》（1922）等书中，奥斯特瓦尔德以巨大的热情阐述了他的观点，提出美是和谐的关系，而和谐关系则是根本规律的具体体现。

尽管他的思想受到广泛的批评和驳斥，但最终还是被普遍地接受了。通过颜色标准化和颜色协调，奥斯特瓦尔德为以恰当的方法来构造颜色开辟了一条新路。

自1915年起，对颜色学的研究成了奥斯特瓦尔德晚年的极大乐趣。他把这方面的研究视为个人毕生的主要事业，把这方面的研究成果视为个人的最高成就，视为是自己对人类文化的最大贡献。1921年，他总结了自己的颜色理论，编成了一本包括2500种颜色的大型图册，使这个曾被忽略的应用化学领域获得了新的推动力。而他进行这项研究的目标，是要使任何一个人在世界上任何地方都能复制出任何确定的、所需的颜色体系。

不平凡的人生

1924年，奥斯特瓦尔德已是72岁的老人了，而且细算起来，他已经从莱比锡大学退休、在风景如画的平静乡村里生活了近20年。

回首往事，所有的成功与失败全都历历在目。作为一位科学家、一位学术活动家、一个热爱艺术的浪漫主义者，该如何看待自己这丰富而又曲折的一生？该通过自己的经历对后来人说一些什么？

于是，奥斯特瓦尔德开始撰写自传，他要用饱蘸浓墨的笔，忠实地记下这70多年来所走过的每一步路，记下自己对待哪怕是一点小事的想法。

整整5年的时间里，几乎每一天，他都沉浸在对往事的回忆之中。也许，人只有到老时才能平静、客观地回顾自己的一生！

1926年，长达1200页的自传《生命线·自传》终于完稿，并交给了出版社。

到1927年，这部一共三卷的巨著与读者见面。奥斯特瓦尔德把头两卷献给德国青年，第三卷献给德国人民。

书中有极其深刻的心理分析，有对他本人的自我研究，也有对自己复杂情绪和种种感受的尽情披露。

《生命线·自传》既是奥斯特瓦尔德对自己不平凡一生的一个全面总结，同时也为他的研究、著述生涯画上了一个圆满的句号。

1932年4月4日，奥斯特瓦尔德因患尿毒症在莱比锡逝世，享年78岁。他留下遗嘱，把全部房地产捐赠给德国科学院。今天，昔日的乡间别墅"能量"已成为闻名于世的"弗里德里希·威廉·奥斯特瓦尔德档案馆"。

当奥斯特瓦尔德去世时，他的夫人冯·蕾尔还健在。他们共有三子二女：大女儿格蕾特（Grete）是一位技艺高超的艺术家，小女儿埃尔斯贝特（Elsbeth）与曾和父亲共同研究过合成氨法的布劳尔结为伉俪，小儿子奥托（Otto）在柏林的政府机构中任职，大儿子沃尔特（Walter）是一位燃料化学家，而第二个儿子沃尔夫冈（Wolfgang）是胶体化学的创始人之一。沃尔夫冈曾在他父亲工作过的莱比锡大学任教，后来到美国工作，1915年任加州大学伯克利分校胶体化学教授。1923年担任莱比锡物理化学研究所主任，后因发现胶体的光散射现象，发明泡沫分析法而享誉世界。

纵观奥斯特瓦尔德的一生，最初因研究决定化学平衡和反应的基本原理而闻名；后来在研究电离、电导、质量作用、催化和反应速度时，他把化学亲和力放在中心位置上。

1909年因对物理化学、特别是对催化作用的研究而获得了诺贝尔化学奖。他还是20世纪颜色学领域最出色的研究者之一，以其对各种颜色和主观色系的定量理论极大地丰富了颜色学。同时，他又是一位能够令人鼓舞的教师，不但使普通化学恢复了应有的重要地位，而且帮助欧洲和美国的一代化学家在其教学和研究中接受了理论化学和物理化学。

他既是科学思想的综合者、阐述者和革新者，是一个富有感染力、工作能力强、兴趣广泛的科学家。同时他又是一位思维明晰、富于想象、具有创造力而且喜欢争论的作家。在他的一生中，共撰写了45本书、500篇科学论文、5000篇评论文章，还编辑了6种杂志。

　　在生命的最后30年里，奥斯特瓦尔德经常进行演讲和写作，以支持人文主义和文化教育事业。他确信，从人道主义立场出发，学者间的相互理解是必不可少的。在1910年赠阿累尼乌斯的《当务之急》中，他用科学的方法论和系统论为心理学、科学天才论、文化学等综合了有关唯能论的观点。

　　奥斯特瓦尔德热衷于改革活动。他的《能源的紧迫性》（1912）强调人类迫切需要接受国际主义、和平主义，是一篇令人振奋、具有预见性的宣言，也是一个关于保护自然能源的系统计划。他认为"节能、用能"是每个人必须履行的责任。类似风格的另一篇文章《价值哲学》（1913）主要侧重于讨论热力学第二定律的历史和应用。

　　奥斯特瓦尔德极力把他已形成的科学观念用于他感兴趣的领域，在许多著作中，他用数学公式$G=k(A-W)(A+W)$来表示幸福的程度，其中G表示幸福，A表示受意愿控制的扩张能，W表示不愉快经历的扩张能，k表示从能量过程转变到心理过程的因子。这是奥斯特瓦尔德用他的唯能论哲学解决感情的客观分析的真诚尝试。

1909－1911年间，奥斯特瓦尔德积极投身于国际和平主义运动，推动创建欧洲联邦，宣传自愿裁军，他谴责战争是一场"最坏的能量浪费"，宣扬和平主义，抨击反犹太主义。他还几次出席在斯德哥尔摩等地召开的国际和平会议，并且发表了激动人心的演说。

他支持所有的科学成就，这促使他加入了德国的"一元论者联盟"，并在1910－1914年间一直担任该组织主席。这是一个宣传科学世界观的组织。

奥斯特瓦尔德认为每个人在社会中的作用就像是人体中的一个细胞，还指出科学的目标和结果应与人类的幸福联系起来。

在1911－1913年间他陆续撰写了小册子《一

元论的星期日布道》，并编辑出版了一元论者联盟的机关刊物《一元论的世界》，抨击传统的伦理学、正统宗教和过时的哲学，斥责教会伪造科学的企图，宣传无神论思想。第一次世界大战爆发后，该联盟也就解散了。

奥斯特瓦尔德还一度潜心于国际通用语（也称世界语）的研究。在各种学术交流活动中，他深深地感到语言不通是妨碍人类思想沟通和相互理解的最大障碍之一，认为学习和运用外国语是一种严重的能量浪费。为此，他创造了一种新的世界语——伊多语（Ido），这是一种经过革新而大大简化了的世界语。他把自己获得的诺贝尔奖金的一半用来资助伊多语的推广工作，期望把伊多语作为标准的科学名词和科学文献的国际媒介。

奥斯特瓦尔德广泛参加各种学会并在其中任职。他是国际原子量委员会的成员，从1916－1932年一直参与委员会的各项工作，如制定、发表元素原子量表。他和法国、英国代表共同倡导建立国际化学联合会，并担任临时主席。另外，多年来他一直是德国化学会理事会的成员，而且是中等教育改革的热情保护者和支持者。除荣获诺贝尔化学奖外，多方面的科学研究和组织活动使他赢得了许多名誉博士和名誉会员的荣誉。

奥斯特瓦尔德热情支持科学史研究，并且在其科学、特别是哲学著作中使用了大量史料。

1889年，他编辑、出版了一套纪念碑式的大型丛书《奥斯特瓦尔德精密科学的经典作家》，其中的许多卷是由他亲自注释的。

这套丛书从1847年亥姆霍滋的《论力的守恒》开始收集，使很多自然科学的经典名著得以流传下来。而他致力于科学史研究的另一项最重要的工作，就是完成了《电化学：历史与原理》（1896），这部1100多页的著作，显示出他已完全掌握了有关电化学及相关领域的科学文献。然而，这部重要著作却是唯一没有再版、也没有被翻译成其他语言出版的书。这是不公正的。

当1913年3月G·萨顿创办《科学史杂志》时，奥斯特瓦尔德的名字就出现在赞助委员会的名单中。

奥斯特瓦尔德的一生是成功的一生，他总是在努力争取最好地利用他所得到的充足"能量"。

他是一位虽然没有作出重大发现，但能看出事物的重要性及其意义，并且以最大的热情和最充沛的精力来广为宣传的"带头人"。

同时，他得到了当代越来越多的化学家的热爱和崇敬，被看做是物理化学领域的一位极其多才、多彩而且有影响的早期组织者和杰出代表，被誉为"物理化学之父"。

大诗人泰戈尔曾说："使生如夏花之绚烂，死如秋叶之静美"，这不正是对奥斯特瓦尔德这位伟大的科学家一生最好的写照吗?

　　愿你、愿我、愿我们每一个人都努力进取，为自己的一生写下成功的一笔！

世界五千年科技故事丛书